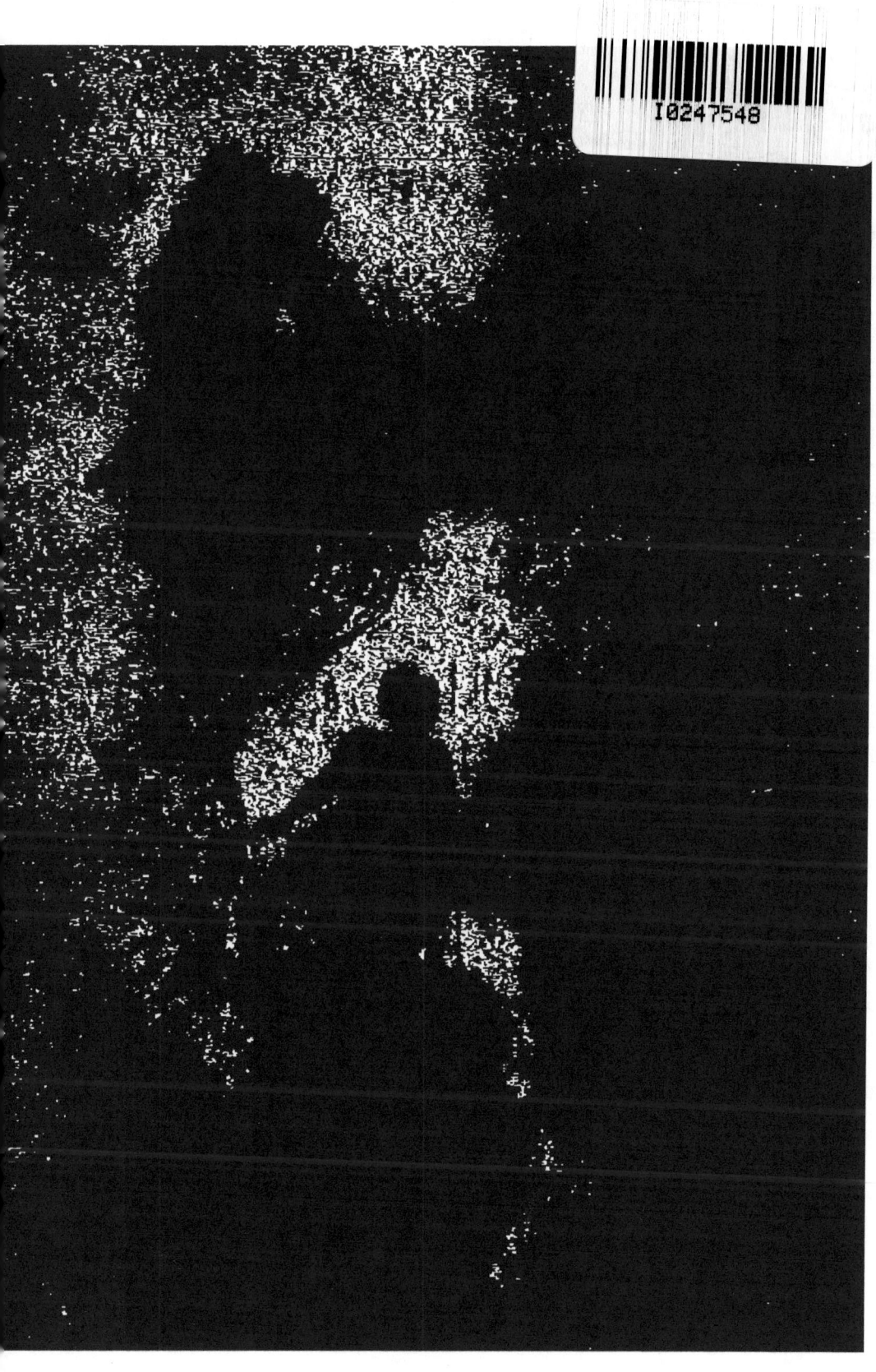

Écrin du Bibliophile
** **

LES
Après-Soupers

Justification du Tirage :

50 Exemplaires imprimés sur papier du Japon. No 1 à 50
450 Exemplaires imprimés sur papier vergé . . No 51 à 500

Exemplaire *offert à mon ami Mancau Conseiller à la Cour de Castration, Lieutenant L. de Jaybuf*

CET OUVRAGE NE SERA PAS RÉIMPRIMÉ

26-X·1882

LES APRÈS-SOUPERS

ILLUSTRATIONS DE HENRIOT

PARIS

E. ROUVEYRE & G. BLOND
ÉDITEURS

98, Rue de Richelieu, 98

1883

LES
Après-Soupers

PAR L'AUTEUR

DE

Trois dizains de Contes Gaulois

ILLUSTRATIONS DE HENRIOT

PARIS

ED. ROUVEYRE ET G. BLOND

98, RUE DE RICHELIEU, 98

1883

La Branche de Pommier

Pour avoir un mari, combien de jeunes filles,
Voire même des plus gentilles,
Prient avec ardeur le bon Dieu...
Combien de longs pèlerinages,
De neuvaines, de vœux, d'hommages,
De soupirs, montent au saint Lieu...

Et pourquoi, toujours en cachette,
Voit-on la gente bachelette
Interroger le Magicien,
Pour savoir et le jour et l'heure
Où paraîtra, dans sa demeure,
Celui qui doit être le sien ?

Il n'est pas de hameau, de si petit village
Qui, souvent, ne mette en usage
Quelque légende du pays...
Et, chose digne de remarque,
C'est toujours vers un saint de marque,
Une gloire du Paradis,
Que la vierge élève ses cris...
En Savoie, on fête saint Blaise,
A Marseille, saint Guignolet...
Saint François est le plus complet,
(C'est mon patron et j'en suis aise),
Car, s'il procure des maris,
Ce qui, certes, est fort utile,
Il veut, comme un saint bien appris,
Que nulle union ne soit stérile...

Il n'entend raison sur ce point
Puisqu'il suffit d'avoir ses chausses,
Ou son suaire, ou son pourpoint
(Car ses vertus ne sont pas fausses).
Il les prête sans hésiter
A tout mari qui les réclame ;
Il irait même les porter
Et les essayer à la femme,
Si l'époux paraissait douter
De la sainte ardeur qui l'enflamme
Pour empêcher le monde de finir....

Ou donc voulez-vous en venir,
Cher lecteur, allez-vous me dire ?
Le voici : tenez, je désire
Que vous suiviez bien ma leçon...

Il existe auprès d'Alençon,
Cette ville de mœurs sévères
Et d'allures primesautières,
Un usage bien singulier :
La jeune fille qui soupire

Et ressent l'amoureux martyre
Cueille le rameau d'un pommier
Et puis, dans le saint bénitier
Qu'à son chevet on voit reluire,
Elle le soigne, elle le mire
Chaque jour, avec le désir
De voir un seul bouton enfin s'épanouir...
C'est là son unique espérance,
S'il s'épanouit, quelle chance ;
Elle est sûre, le mois suivant,
D'avoir pour époux son amant...
Telle est la tradition certaine
Qu'on tient de sainte Madeleine,
Madeleine après le péché,
Les saints Pères l'ont indiqué...

Or vivait, au sein de la ville,
Près d'une dame de haut lieu,
Jeune fille, sage, docile,
Dont une épaule allait un peu
S'arrondissant vers le milieu ;
Au demeurant, fraîche, gentille,

De beaux yeux, et son petit cœur
De l'amour ressentait l'ardeur ;
Voilà qu'elle prend sa faucille,
Et, suivant le bord d'un ruisseau,
Elle va cueillir le rameau
D'un pommier caché sous l'ombrage ;
Et craintive, tremblante, en nage,
Croyant qu'il va bientôt fleurir,
Dans sa chambrette elle l'emporte,
Ayant soin de fermer sa porte,
Un indiscret pourrait venir...

Mais une jeune chambrière,
De Cupidon forte ouvrière,
Avait surpris le cher secret...
Le lendemain, d'un pas discret,
Elle arrive dans la chambrette
Et place un rameau tout fleuri
A la place de la branchette
Qui suspendait auprès du lit...
Denise rentre, elle est ravie
Et ne sait cacher son bonheur...

Mais elle avait été suivie...
Et l'office, de belle humeur,
Se moque d'elle de tout cœur.
— Quel sera ton époux, petite?
Lui dit le garçon jardinier ;
Choisis-bien... pour te redresser
Il faut un homme de mérite...
Et la pauvrette de pleurer....

Tout à coup, sa bonne maîtresse
Lui dit : — Chasse toute tristesse,
Je vais préparer ton trousseau...
Mets ce billet dans ta corbeille
Et sois sûre que plus d'un beau
Te trouvera faite à merveille
Et te présentera l'anneau...

— Je suis le premier à te dire :
Denise il faut nous marier.
C'était le garçon jardinier...

— Merci, ce que mon cœur désire

C'est choisir un brave garçon
Qui m'épousera par raison...
Il trouvera dans son ménage
L'ordre, l'amour et la douceur,
Du dévoûment et le bon cœur,
C'est une rare marchandise...
Et je prétends prouver ainsi
Que si j'ai la taille mal prise
Je puis rendre heureux un mari...

L'ANE ET LA ROSE

Sur un terrain sec et pierreux
Où s'étale à plaisir le chardon épineux,
Un âne prenait sa pitance
Quand, tout à coup, il aperçoit
Une fleur de belle apparence.
Une rose qu'en cet endroit,

Dans ce lieu si triste, si froid,
Avait mise la Providence
Comme pour prouver sa puissance.

— Oh! oh! dit le baudet, mesdames les abeilles
De ces fleurs disent des merveilles,
Eh bien! soyons juge du fait.
Et vite allongeant ses oreilles,
Sa longue échine et son museau.
Il vous happe la fleur divine
Par sa corolle purpurine
Et, du tout, il fait un morceau...
Puis, il cherche à se rendre compte
Et du goût, et de la saveur
Que pouvait avoir cette fleur.

Mais, il faut le dire à sa honte,
Il s'écria : — Quelle fadeur! quelle insipidité!
Quoi, c'est là, cette fleur

Que chacun vante et qu'il envie ?
Qu'on me pende, si, de ma vie,
Pour elle, je fuis mes chardons
Toujours si picotants, si bons !

C'est ainsi que du pauvre monde
Les savants se moquent toujours ;
Oui, c'est un de leurs vilains tours,
Et je vais le dire à la ronde.

M'est avis qu'il avait raison
Sur ce point, maître Aliboron.
Il faut, pour un grossier organe,
Des mets grossiers. Jamais un âne
Ne vivra comme un papillon,

Pas plus qu'un pédant imbécile,
A force d'or et de crédit,

Ne fera que, dans son habit
(La chose est par trop difficile),
Jamais vive un homme d'esprit!...

Nul de vous ne sait que saint Pierre,
Parfois, faisait l'école buissonnière.
C'est pourtant vrai... Voici comment
Il fit *véridique* un Normand.
Ce n'est pas son moindre miracle!

Mon récit n'a rien de la fable :

Donc, saint Pierre un soir cheminait,
Quand il avise, en un guéret,
Un drôle de belle apparence,
Mine futée et bouche immense...
— Eh! l'ami, peux-tu m'indiquer
Le chemin qui doit me mener
Tout droit à Rouen ?... car je redoute
De prendre la mauvaise route.
Vais-je à gauche ?

     — Vous le pouvez.

— Ou bien à droite ?...

      — Choisissez...

— Allons, sois vrai... de la franchise...
— Que voulez-vous que je vous dise ?
Mes grands parents m'ont enseigné :
Que trop dire la vérité
Souvent nous portait préjudice,
Qu'il fallait un peu de malice...

Ne dire : oui, ne dire : non
Est sage en mainte occasion...

— Cependant, lui répond saint Pierre,
Si tu gagnais étant sincère?
— Oh! c'est alors bien différent...
Combien me donnez-vous d'argent?...
— Écoute, tiens, je te propose
Un voyage avec moi...

     — La chose
Pourrait se faire assurément...
Vous avez l'air cossu.

     ... Pourtant
On peut se tromper à la mine;
Quel est votre état?...

     — Vois, devine,
Dans ma sacoche j'ai de l'or,
Regarde...

   — Oui, bien... Mais alors
Je serai votre domestique?...
— Non, mon associé... Je pratique
Un bon et fructueux métier...

Camarade, je suis sorcier!...
Nous partagerons la recette,
Accepte... — C'est affaire faite...
Et les voilà tous deux partis
Allant exploiter le pays...

— Ton nom ?
     — Jacquot.
         — Fort bien, va vite,

Sous cet orme est une marmite,
Un mouton... tu l'égorgeras,
Pour souper le prépareras.
C'est mon bien... ainsi, pas de crainte,
Coupe, taille, agis sans contrainte...

Jacquot égorge le mouton
Et puis surveille la cuisson;
Il avait faim... de sa fourchette
Prend la plus belle côtelette,
Regarde si son compagnon
Le voit... Il pique le rognon

Et dans sa bouche bien percée
Du tout il fait une bouchée...

Saint Pierre en arrivant lui dit :
— Je me sens très grand appétit...
Tiens, il manque une cotelette
Et le rognon... Mais, d'un air bête,
Jacquot s'écrie : — Ah ! juste Dieu,
Il sera tombé dans le feu...
— Peut-être, dit Pierre

                      ... C'est drôle ;
Enfin, donne-moi ta parole :
Tu ne vis aucun étranger
Qui soit venu pour le manger ?...
— Aucun étranger, je l'assure,
N'est venu. — Bien. — Je vous le jure...
Et peut-être que ce mouton
Était né privé de rognon...
— C'est possible, répond saint Pierre,
Mais la chose est bien singulière...

Au point du jour, le lendemain,

Ils se remettent en chemin...
Arrivés près de deux villages
Dont les cloches faisaient tapages,
Pierre dit à Jacquot : — Là-bas
J'entends le tintement d'un glas.
Plus près, sous ce riant boccage,
Le carillon d'un mariage.
Où vas-tu montrer ton talent ?

— Chez ceux qui rient, en vrai Normand...

●

— Je vais donc aller, dit saint Pierre,
A la réunion funéraire.

Le jour suivant, quand le soleil
Montrait son front pur et vermeil,
Et qu'on entendait l'alouette
Du jour naissant chanter la fête,
Jacquot, d'un air fier, entendu,
A Pierre présente un écu.
— Voilà la brillante recette
Que j'ai faite avec ma musette...

SAINT PIERRE ET LE NORMAND

— Mon ami, j'en ai gagné dix,
En empêchant qu'en Paradis
Le mort d'hier pût être admis...
— Parbleu ! vous me la bâillez belle,
Je n'y crois pas... — Pauvre cervelle,
Je ne dis que la vérité...

Le mort, par moi ressuscité,
M'a fait ce don... Jacquot, pas bête,
A Pierre, en se grattant la tête,
Demande : pour ressusciter,
La recette... Et sans hésiter,
Pierre répond : — La foi sincère
Suffit... Voilà tout le mystère...

Au même instant deux carillons
Troublent le calme des vallons :
L'oiseau se tait, le grillon chante,
Le ruisseau doucement serpente...
Une noce encore... un décès...
Pierre à Jacquot dit : — Choisissez...
— Choisir n'est pas bien difficile.

(Il me prend pour un imbécile.)
Et Jacquot tout fier de son sort :
— Je vais ressusciter le mort,
Et vous verrez si ma recette,
Cette fois, sera très complète...
— Prends bien garde, mon compagnon,
Lui dit Pierre... Mais ce rognon,
Qui donc l'aura fait disparaître ?
Jacquot ne serait-il qu'un traître ?

Voici la noce, je l'entends,
Rendons joyeux ces bons paysans.
Il s'engage sous la feuillée,
Bénit parents et mariée,
Et d'un discours concis et gai,
Il les charme tous... — Jarnigué !
A dit le vieux papa beau-père,
En vous, nous retrouvons un frère...
Buvez, mangez, nous sommes tous
Prêts à vous servir...
     Entre nous,
Sur vos lèvres Dieu tout aimable

Ne nous a pas parlé du Diable
Ni des tortures de l'Enfer...
Ce Dieu bon nous a fait de chair,
Nous pardonne nos peccadilles,
Ne nous rôtit pas sur des grilles
Si nous aimons les belles filles,
Si nous faisons un peu l'amour...

— Mais quel est ce bruit? Ah! je cours,

C'est Jacquot, portons-lui secours.

— C'est un faux sorcier qu'on va pendre...

— Mes amis, veuillez me le rendre.

— Non, jamais! — Mais qu'a-t-il donc fait?

— Rien de bon, car il se vantait

En récitant une prière
De faire sortir de sa bière
Notre bailli... Mais il est mort,

Et nul ne pleure sur son sort,
Car il était plein de malice
Et nous vendait *cher* la justice...

— Mes amis, donnez-moi le temps
De confesser ce mécréant,
Je voudrais bien sauver son âme...

Voici le cercueil... que la flamme
Revive en ce corps qui n'est plus
Et n'est pas confit en vertus.
Bailli, relève-toi, dit Pierre...
Il obéit... La foule entière
Chante : — Vive notre bailli,
Et chacun demeure ébahi...

Pierre prend Jacquot et l'entraîne
Au bord d'une claire fontaine.
Sa sacoche était pleine d'or...
Il en fait trois piles d'abord...
Tiens, Jacquot, pour toi, la première ;
La seconde, à moi... La dernière...

— Part à deux, mon bon compagnon,
Dit Jacquot; mais Pierre dit : — Non!
De celui-là qui du rognon
Saura me donner des nouvelles
Elle emplira les escarcelles...
— Ah! mais, c'est moi qui l'ai mangé,
Dit Jacquot d'un air enchanté...
— Juste ciel! s'écria saint Pierre,
C'est donc là l'unique manière
D'avoir vérité d'un Normand???
Allons, Jacquot, prends cet argent...

En remontant au ciel, saint Pierre
Disait : — Dieu fait bien ce qu'il fait...
Hélas! que deviendrait la terre
Si de Normands il la peuplait!!!

Non, jamais du Paradis
On ne t'ouvrira la porte,
Et c'est moi qui te le dis...
Tu vis d'une étrange sorte,
On te croirait un païen,
Tu ne vas pas à la messe,

Encore moins à confesse;
Fi... tu ne crois donc à rien ?...

Et pourtant, c'est authentique,
Tu naquis bon catholique;
Tes parents, braves, pieux,
T'enseignèrent la sagesse,
Et tu vis, chez tes aïeux,
De bons exemples sans cesse...

Ils te parlaient de ce roi
Qui se nomma Louis treize,
Fils d'Henri quatre, ma foi !
Et qui fut, j'en suis fort aise,
Par le fait d'un cardinal
Que nul ne blâme, je pense,
Père d'un fils sans égal
Qui fit grande notre France !

Ce roi, je suis sûr du fait,
Inventa le chapelet...

LA MÉDAILLE

C'est une douce prière
Qu'il est facile de faire
Sans fatiguer son cerveau...
C'est pour toi du fruit nouveau.

Vous prenez une chaînette
De cuivre, d'or ou d'argent,
Vous enfilez gentiment
Mainte graine bien proprette,
(Suivez-bien ce que je dis),
Et quand vous êtes à dix
Vous fermez la baguelette.
Alors vous recommencez,
Par cinq fois, le même ouvrage,
Puis, au bout, vous attachez
Une médaille, une image,
Que tout dévot personnage
Doit baiser avec ardeur
En disant : *Ave*, Seigneur...

Tu vois bien, mauvais sujet,

Que toi, père de famille
(Ton œil en vain s'écarquille),
Ne dit pas le chapelet...

— Allons, voilà comme on juge
Le plus souvent son voisin;
Je le dis, sois-en certain...

— Comment!... pas de subterfuge?...

— Tu sais combien ma Sarah
Est médiocre en appas,
Si tu voyais sa charpente,
Sa chair maigre et transparente,
C'est un vrai jeu d'osselets...
Cher ami, je te l'assure,
Des grains de tes chapelets
C'est bien la juste mesure...
Donc, le soir et le matin,
Avant que je ne travaille,

Mon chapelet sous la main :
Je prie...
      — A chaque dizaine
Souviens-toi de la médaille!!

Nicette est une fille sage,
Ne connaissant rien de l'amour;
Dix-huit ans, c'est là son âge.
Simple comme le premier jour,
Elle vit auprès de sa tante
Qui la garde comme un fruit d'or;

Un rien l'amuse, la contente,
Et son cœur n'a rien dit encor.

Pourtant on voit bien que la sève
De désirs emplira son front,
Elle rougit, s'éveille, rêve
A l'aspect d'un jeune homme blond...
On annonce un bal, quelle chance !

— Tante, tu devrais m'y mener.

— Mais, Nicette... au bal... on y danse...

— Oh ! cela va bien m'amuser...

— Écoute, je consens, ma chère,

Ma voisine te conduira ;
Tu connais son fils *Eleuctère* ;
Sage, il vous accompagnera...
Mais il me faut bien te le dire,
Et souviens-toi de mon conseil :

LA TIRELIRE

Chaque fille a sa tirelire
Que brûle le premier soleil.
Si on l'ouvrait, ma toute belle,
Ton honneur s'en irait à mal ;
Prends bien garde, ma tourterelle,
N'écorne pas ton *capital*...

Nicette, anxieuse et pensive,
Regardait passer les danseurs,
Et comme fait la sensitive,
Elle refoulait ses ardeurs.
Enfin un plus hardi s'avance,
Elle interroge, on lui répond :
— Avec moi vous aurez la chance
D'affermir plus votre giron...
Venez sous la fraîche tonnelle
Où nous suivra le bruit du bal,
Je raffermirai d'un saint zèle
Votre tirelire sans mal...
Nicette se prête à la chose,
Pousse un cri, puis elle sourit.
Par trois fois son danseur se pose...

Quelle fut douce cette nuit...

Avant de le quitter, Nicette
Dit à son danseur : — Tiendra-t-il
Ce point ?...
      — Oui; d'ailleurs, ma fillette,
Vous avez usé tout mon fil...

Une question grave occupe les esprits
Depuis l'an de grâce cent six.

Accurse, Puffendorf, Grotius et Bartole,
Cujas, puis Abeilard qui fut maître d'école,
L'austère Duvergier, le romancier Troplong

Ont fait, sur ce sujet, mainte et mainte leçon...
Et malgré le talent de cette troupe auguste,
Le monde attend toujours la solution juste :

Les modernes auteurs, les Pont et les Massé,
Rau, marchant côte à côte avec Zachariæ.

Des bâtonniers nombreux la phalange brillante,
Dérobant leur pudeur sous l'hermine éclatante ;
Les avocats, qui sont purs comme des Bayard
Sur cette question, sont encor en retard...

Il s'agit d'établir d'une façon bien claire
Par un arrêt précis, de tout point doctrinal,
Si l'on appelle domicile conjugal
(Ce qui rendrait plus grand le délit d'adultère)
Le mur mitoyen, juste à ce point de repaire,
A la place où la poutre entre dans l'ébauchoir,
Tout près du chaperon, comme chacun peut voir...

Définissons, avec le Code,
Ce qu'est la mitoyenneté ;

LA MITOYENNETÉ

Cherchons, à l'aide de quel mode
On prouve sa réalité :

C'est le point, presque insaisissable,
Qui vient diviser en deux parts
La maison, le toit ou l'étable,
En les coupant de part en part.
C'est un trait, un ruban de soie,
Un signe de convention.
Il n'est pas un œil qui le voie,
C'est la légale fiction...

D'un côté de ce fil la maison est à Pierre,
Un célibataire enragé ;
Il a remarqué la commère
De son voisin Paul, marié...
Elle est avenante et mignonne,
Le teint frais, le regard fripon...
Le nez de Paul un peu trognone,
Il a des bosses sur le front...

Si j'avais la bonne fortune

De rendre mon voisin complet :
Essayons, dit-il...
                    A la brune
Il guette...
            La femme apparaît,

Elle va, cueillant la pervenche,
Dans le mitoyen jardinet;
Et, chaque fois qu'elle se penche,
La pomme affleure le corset...

Pierre s'avance avec mystère,
La voisine, du coin de l'œil,
Guignait son co-propriétaire,
Elle lui fit fort bon accueil...
Il s'enhardit... avec adresse
Parle du bonheur d'être aimé.
S'il avait gentille maîtresse
Comme tout irait à son gré !
S'il avait beaucoup de richesse,
Il la mettrait vite à ses pieds ;
Et puis, quels trésors de tendresse !!...

LA MITOYENNETÉ

Pierre lui dérobe un baiser,
Elle rougit, sans se fâcher...
Pierre devient plus téméraire,
Et grâce aux voiles de la nuit
Qui protégèrent le mystère,
Ce fut aussitôt fait que dit...
Mais, hélas ! le mari l'apprit...

Alors, tout bouillant de colère
Et par un mouvement fatal,
Il dénonce que l'adultère
A souillé le toit conjugal...

— Non, a riposté le complice,
Fin Normand, rempli de malice,
Adossés au mur mitoyen
Qui, certes, n'est nullement tien,
Nous batifolions, mais pour rire.
Je ne t'ai fait aucun affront,
Au miroir, regarde ton front...

Et le magistrat de sourire
Tout bas... Pour rester solennel...

Il trouvait le péché véniel,
Mais il n'aurait osé le dire...

Il ordonne...
            Quoi ? justes dieux !
Un simple transport sur les lieux...

Suivi d'un expert, il mesure
Le point précis, incontesté,
Puis il déclare, je vous jure,
Que Pierre avait dit vérité...

Sur ce point, le mur en saillie
Dessinait un faible contour
Qui dérobait ainsi le jour...

Placez-vous vite, je vous prie,
Comme vous étiez hier soir,
Dit le magistrat... Mon devoir
Est d'employer tout mon pouvoir
A rendre la cause éclaircie...
A son désir, sans hésiter,
Ils s'empressent de déférer.
Le magistrat voit, examine,

LA MITOYENNETÉ

Puis décide : que son hermine
Possède bien moins de blancheur
Que celle qui vit dans le cœur
De la femme à l'accusateur...

Dans la sentence qu'il prononce
Il fait une verte semonce
A ce mari trop imprudent,
Rempli d'un esprit d'injustice
Et qui fait perdre trop de temps
Aux pontifes de la Justice...
Cet époux injuste a mal vu,
De mensonge il est convaincu
Et je rejette sa demande...

Sa femme a l'âme noble et grande,
Pardonne et ne demande pas
Le dommage qu'en pareil cas
La loi prescrit... Mais tu paîras,
Époux rageur, frais et amende.

La question reste en suspens,
Il faut un arrêt de doctrine.

Si le voisin et la voisine
Sont pris délictueusement
Sur le point, le fil ou la ligne
Formant la mitoyenneté,
L'adultère est-il aggravé ?

Sans doute, répond la science...

Mais quel juge est assez subtil
Pour pouvoir, avec conscience,
Rendre arrêt ou juste sentence
Qui reposerait sur un fil ?...

On vous a raconté Joconde :
Sachez qu'il devint séducteur
Quand sa femme, une belle blonde,
Lui fit une horrible noirceur.

Il allait partir en voyage,

Sa compagne pleura beaucoup,
Elle regrettait son veuvage,
Pressait dans ses bras son époux...

Il se dérobe à sa tendresse
Tout ému; le voilà parti
Rempli d'une vive tristesse
Et se soutenant à demi...

Il s'aperçoit au bout d'une heure
Qu'il a laissé dans sa demeure
Son aumônière et son argent,
Il y retourne incontinent...
Sans bruit il rentre dans sa chambre
Parfumée au musc et à l'ambre...
Il aperçoit, dans le boudoir,
Sa femme avec un nain tout noir...
Elle ne pleurait plus la belle...

Joconde ne se fâche pas,
Mais il jure d'être infidèle...

C'est à partir de ce jour-là
Qu'on le vit parcourant le monde,
Et butinant de fleur en fleur,
Volant de la brune à la blonde
Afin de noyer sa douleur...

Or, voici qu'une noble dame
D'aspect gracieux et charmant,
Aux yeux pleins d'une douce flamme,
Dans un état intéressant..,
Au lieu de paraître joyeuse
Aux regards du mari charmé
Était inquiète, nerveuse,
Et le rendait peu fortuné.
De ce mal, quelle était la cause?
Pourquoi ce regard soucieux?
L'époux demeurait anxieux...

Lecteur, faut-il?... Oui... tant pis! j'ose;
Je vais vous le dire bien bas :
Un homme noir était la cause

De cet odieux embarras...
Vous avez deviné le cas...

Comment sortir du précipice ?
La ruse d'abord, puis l'Amour,
Le hasard, le ciel, la police,
A l'époux firent voir le tour...
La police ! Mais que peut faire
Ici son intervention ?
Permettez que je vous éclaire
Sur cette docte question...

La police, sans qu'on s'en plaigne,
A pour mandat et pour devoir
De bien surveiller chaque enseigne,
Pour que chacun puisse la voir
A l'œil nu, du matin au soir...

Vous avez vu cette pendule
Sur le boulevard Saint-Denis
Posée, en un point ridicule,

LA PENDULE

Sur un nègre drôlement mis.

Chaque jour, la femme charmante
Trouvait un motif pour passer
Devant cette image étonnante,
Et lentement de l'admirer...
— Regardez, disait-elle au maître,
Ah ! que ce nègre est donc joli...
Achetez-le moi, cher ami,
Ou bien je crains fort de voir naître
Chez nous un enfant noir... — Merci,
Moi qui veux un fils...
                       — Quel souci...

— Ma chère âme, quelle folie !...
Pour vous plaire allons essayer.
On pénètre chez l'horloger,
La dame lui dit son envie...

— C'est impossible assurément.
C'est l'enseigne de ma boutique,
Elle remplace un boniment,

Elle conserve ma pratique,
C'est, de tous, mon meilleur agent..

— Monsieur, cédez à ma prière.
De ce nègre fixez le prix,
Et ma fortune tout entière
Est à vos pieds...
                    — Non, je ne puis.

La femme tombe en défaillance...
L'époux en demeure ahuri...
Il implore avec persistance,
Mais le marchand persiste aussi...

Dix jours après, quelle aventure !
Quels cris amers ! quel désespoir !
Il naquit un enfant tout noir...

— Jeu bizarre de la nature,
Disait l'époux à ses amis...
Ah ! ce boulevard Saint-Denis
Et ce nègre... je les maudis...

LA PENDULE

Mais son ami le plus sincère
Lui dit : — Va, calme ta douleur,
D'un fils puisque te voilà père,
Eh, que t'importe sa couleur !!!

— Oui, Jeannette, laisse-moi voir
Ce sein qui promet tant de choses ;
A l'Amour il donne l'espoir,
A l'œil il découvre des roses ;

Taillé dans un bloc de Paros,

Son allure est audacieuse ;
De la mer, imitant les flots,
Les flots de la mer amoureuse,
Comme en ce beau jour où Vénus
Osa dénouer sa ceinture ;
Mais elle le sera bien plus
En te voyant... O créature
Que Dieu fit naître pour charmer,
Qu'il modela dans sa tendresse,
Lui disant : « Tous, ils vont t'aimer,
Fais-les mourir de folle ivresse... »

Moi, je ne veux que t'admirer...
Ah ! prends pitié de mon délire...
Fais-moi l'aumône d'un baiser
Et la charité d'un sourire...

— Non, lui répondit la beauté,
On nous trompe et l'on nous délaisse...
Dans tes yeux vit la volupté...
Et j'ai trop peur de ta caresse...

Oui, qui craint le péril le fuit...
L'épi redoute la faucille...
Et puis, ma grand'mère m'apprit
Que le fil passe où va l'aiguille...

LA FEMME AUX DEUX AMOURS

Je sais plus d'une honnête femme
Qui n'eut jamais aucun amant,
Mais j'en connais, qui, sur mon âme,
Ne pourraient pas en dire autant.
Faut-il les blâmer ou les plaindre ?
Ce point est vraiment délicat,

En le jugeant, on pourrait craindre
D'éprouver un grave embarras
Selon la nature du cas.

Une histoire fort singulière
Que je m'en vais vous raconter,
Et que vous voudrez écouter,
Car je vous en fais la prière,
Éclairera cette matière
Toujours difficile à narrer.

La dame était jeune et jolie,
Et son époux n'était pas mal.
Pas n'est besoin que je le die,
Il n'était jaloux ni brutal.
Deux ans d'hymen avaient, peut-être,
Refroidi son amour ardent.
Il n'était plus aussi charmant,
Aussi vif qu'il avait pu l'être ;
En cela manquant de raison,

Car, alors, la comparaison
Jette du dépit chez la femme,
Et si la colère l'enflamme
L'époux a tout à redouter :
La foudre menace sa tête
Car la femme, il n'en faut douter,
A sa vengeance toujours prête...

Celle-ci, pour se consoler
De cette sorte de veuvage,
Prit deux amants... C'était de rage...
N'allez pas trop la chicaner,
Elle était femme prévoyante,
Alerte, bien faite, pimpante,
Et n'aimait pas à trop chômer...

— Afin d'éviter les méprises,
Je mettrai, dit-elle, au premier,
A travers mes persiennes grises,
Pour t'avertir, un caroubier...

Au numéro deux, la violette
Devait être le doux signal...

Tous les deux jours, d'un tête-à-tête
Chacun d'eux avait le régal...

Mais, hélas! Dieu, sur cette terre,
Ne permet le bonheur parfait...
Et le plus absolu mystère
Au grand jour souvent apparaît...

Dans son ardeur, la noble dame
Se trompe en plaçant le signal...
L'amant heureux, empli de flamme,
Ne se croyant pas de rival,
Quelque peu plein de suffisance,
Croyant que l'on meurt de désir,
Fier et radieux il s'élance,
D'esprit savourant le plaisir...

— Oh! mon Dieu,
                    Que venez-vous faire?
Lui dit la dame... Fuyez donc!
A demain...
                — Mais pourquoi, ma chère?
Regardez à votre balcon
La fleur, symbole de tendresse,
Y brille de tout son éclat...
Ah! sur mon cœur, que je vous presse.
— Partez vite... Entendez ces pas...
— Fuir? je ne puis...
                    — Je perds la tête,
Dit la dame... Enfermez-vous là,
Dans mon cabinet de toilette,
Faites le mort... Ne bougez pas...

L'amant entre dans la cachette...
La porte s'ouvre... L'autre amant
Arrive... Il est doux, il est tendre,
Il prouve son amour ardent...

Un pas pesant se fait entendre.
On sonne fort; c'est le mari...
— Ouvrez... C'est moi, mon Isabelle...
— J'y vais... Attendez... cher ami,
Et vous?... Mais vite, lui dit-elle,
Cachez-vous dans ce cabinet...
Il entre, jugez de l'effet...

Les deux Amours de contrebande
Se regardent tout ébahis...
Mais à l'autre, chacun demande
Que faire pour n'être pas pris?
— Pas moyen de sortir d'ici...
Voyons, cherchons,
     Qu'allons-nous faire?

Mais la dame se trouve mal,
L'époux vient dans ce sanctuaire
Pour y chercher un cordial.
Il entre, il blémit, il s'arrête,

Il porte la main à sa tête :
Les deux amants ne font qu'un saut,
Et détalent au grand galop.
D'ici, vous voyez le tableau...

Un enfant espiègle et naïf,
Fort curieux, comme on l'est à son âge,
De tout ce qu'il voyait voulant savoir l'usage,
Comme le veut tout esprit positif,
Écoutant, comparant, doutant de bien des choses;
Il comptait huit ans accomplis.

En vain on lui conta le miracle des roses ;
　Par lui jamais ce fait ne fut admis.

　　Il trouvait fort originale
　　La coiffure des grenadiers
　　De la garde nationale.
　　Ce bonnet à poil des guerriers
　　Rendait la touche martiale
　　Et leur promettait des lauriers.

L'enfant ne croyait pas à la fameuse bûche
　　Qu'apportait le petit Noël,
Mais il croyait au pain qu'il voyait dans la huche
　　Même à la crème au caramel.

Il résolut, un jour, dans sa petite tête,
　　D'en avoir le cœur clair et net,
Et lorsque, de Noël, la grande et sainte fête
　　Au vieux clocher carillonnait,

Il feignit la fatigue, et baissant la paupière,
    Il poussa même un ronflement :
Alors, près de son lit, il aperçut sa mère
    Qui s'approchait tout doucement ;

Elle était, comme on dit, seulement en bannière,
    Et portait dans ce vêtement,
Relevé par devant et baissé par derrière,
    Tout un attirail militaire...
Mais l'enfant avait vu ce qu'on ne nomme pas,
    Ce conte doit être modeste...
Aussi, le lendemain, lorsqu'il se réveilla,
Il cherchait...
    — Que veux-tu ?
        — Mais, maman, c'est le reste.
— Le reste, qu'est-ce donc ?
        — Maman, c'est un objet
    Dont la milice citoyenne
    Avait fait ce fameux bonnet
    Qui la rendait fière et hautaine...

— Cher enfant, il ne t'irait pas,
Car il n'est pas fait pour ta tête,
Et puis, c'est Noël à papa,
Et, seul, il doit lui faire fête!!

A mon ami MARTIN.

Le faux mage Smerdis qui gouverna la Perse
Était un grand farceur, au dire de Properce,
Il livrait à la mer, bien cousu dans un sac,
Quiconque était suspect de toucher au tabac.
Sous son règne, ton pot aux parfums d'Idumée
Aurait eu même sort que les trois porcs d'Eumée;

Tu sais ce qu'on en fit quand on les eut servis
A ce sournois d'Ulysse... Il est vrai, je le dis,
Qu'ils sentaient la fumée, au point que, dans Ithaque,
Chacun serrait son nez, excepté Télémaque...

De mon mage fameux, un ténébreux suppôt
A pu seul t'engager d'enfermer dans ton pot
Ta pipe, ton tabac, et le vers que ma lyre
Soupira pour un fait que je ne puis redire;
Je craindrais, éveillant d'étreignants souvenirs,
De te revoir encor exhalant ces soupirs,
Qui rappellent à tous l'embarras de ce maire
Recevant en trente-un Philippe populaire,
Lui faisant visiter églises, carrefour...

Il entre en un chemin qui gravitait autour
D'un palais entouré, tu n'oserais le croire,
Comme l'est ton jardin après un jour de foire...

Le magistrat confus, tremblant, pâle, irrité,
S'écrie : — Excusez-moi, suprême Majesté,
Je les eusse fait tous enlever au plus vite

Si j'avais su... Vatry, qui venait à la suite
De ce roi-citoyen qu'aimaient les loups-cerviers,
L'arrête en lui disant : — Ils ont tous leurs papiers;
Voyez plutôt, monsieur, modérez votre zèle,
Ne portez pas sur eux une main criminelle!!...

Le roi sourit tout haut en entendant ce trait,
Parodiant Crillon, il dit : — Pends-toi, Sauzet!!

Je l'ai trouvé si beau que je n'ai pu le taire,
Et je viens te l'offrir... Ah! puisse-t-il te plaire...
Pour toi, pour ton bonheur, entends mon dernier vœu,
Que le chef du pouvoir te nomme maire d'Eu...

Ce matin, en m'éveillant,
Un oiseau vif, gazouillant,
S'est perché sur ma fenêtre,
Puis là, de son joli bec
Frappant un petit coup sec,
Il m'a dit : — Viens reconnaître

En moi, d'un certain oiseau,
Qu'on possède en son jeune âge,
La douce et charmante image;
Vois, chacun me trouve beau,

Me désire, et, je le jure,
Oui, c'est la vérité pure
Que je vais te raconter...
Je tâcherai d'être habile,
Car il n'est pas trop facile
De chastement te conter
Comment d'une jeune fille,
Vierge pure et fort gentille,
On a pu faire un oiseau...

Cependant, dans ta mémoire,
Avec soin, cherche l'histoire
Qu'à notre reine Margot
Raconta certain poète
Aussi pudibond que moi,
Et c'est tout dire, ma foi,
Pour qu'on écoute en cachette...
La reine voulait savoir

A quel moment de la vie
On voyait fuir sans espoir
Cette belle fleur chérie
Que chaque homme a la fierté,
Prenant son air d'arrogance,
D'enlever à l'innocence
De sa pudique moitié...

Il est malaisé, je pense,
Reine, d'expliquer ce cas...
Pourtant ayez patience,
Surtout ne rougissez pas...

Vous savez, ma souveraine,
Que le pauvre passereau
Ne porte plume ni laine
Quand il naît, en son berceau.
Mais quand sa queue et ses ailes
Vont pousser et se garnir,
Loin des leçons paternelles
Il va s'ébattre à plaisir...
Eh! bien, la fleur d'innocence
N'est autre que cet oiseau...

Elle s'envole et s'élance
Cherchant un soleil nouveau,
Sitôt que, sur sa corolle,
Vous voyez, d'un œil subtil,
Se former une auréole
De l'étamine au pistil...

Chaque femme est une rose,
Et quand la voix de l'Amour
Lui fait rêver douce chose,
Quand a lui le plus beau jour...
On entend un frais murmure,
Puis l'air doucement frémir,
J'ouvre l'aile, et, je le jure,
Je suis né dans un soupir...

Un bon fermier de la Beauce
Disait à sa basse-cour :
— De mon fils bientôt la noce,
Je vais en fixer le jour.
Mes amis, quelle bombance!
A tous je ferai plaisir,

Et vous-même ici, je pense,
Vous allez vous réjouir...

Voyons, faisons bien la carte
Du menu de ce repas,
Que nul de vous ne s'écarte...
Je veux donner trente plats :

Bœuf, poisson, pâtisserie,
Mouton, veau, gibier, chevreau,
Et toute ma fruiterie...
Mais, voyons, cherchons quel rôt
J'offrirai à mes convives :

D'abord, un chapon dodu,
Des poulets flanqués de grives,
Un dindon, c'est entendu...
Dans le potage, des poules,
Ça donne goût au bouillon...
Un coq, des beignets, des moules,

Et le pâté de pigeons...

Je vais choisir, venez vite,
Approchez tous, mes petits.

La gent ailée, à l'invite,
Ne répond que par des cris...
— Je ne veux pas qu'on me mange,
Dit un gros canard cagneux,
Et puis toute la phalange
S'y refuse à qui mieux mieux...

Par un seul mot leur doux maître
Arrête ces révoltés.
— Eh! quoi, vous pensiez, peut-être,
Faire ici vos volontés...
Je suis votre chef suprême...
Quand je parle, obéissez...
Discuter, c'est un blasphême,
Et vos seules libertés
Dans mon royaume de Beauce,
Tous bien repus, bien gorgés,
C'est de dire à quelle sauce
Vous voulez être mangés...

Je connais plus d'un empire
Et plus d'un gouvernement
Où tout se fait, j'ose dire,
Comme en Beauce exactement.

L'ANE LE CLERC DE NOTAIRE ET LES TREIZE DÉPUTÉS

On comptait dans sa famille
Jusqu'à treize députés;
L'un avait femme gentille
Qui faisait ses volontés.
Le mari, parfait notaire,
L'air niais, ventru, trapu,

Même quelque peu bossu,
Je ne dois pas vous le taire,
Possédait un clerc charmant,
Blondin, frais comme une rose ;
Vous voyez d'ici la chose :
De la dame il fut l'amant,
Jusque-là rien d'étonnant...

C'est le roi Louis-Philippe
Qui gouvernait le pays,
Les gens de la République
N'étaient pas trop ses amis...
Chaque année, à l'ouverture
De notre grand Parlement,
Le roi faisait la lecture
D'un discours fort *congruant*...
La Chambre, par une adresse
Répondait à ce discours
Qu'on n'approuvait pas toujours...

Il fallait donc que, sans cesse,
Le ministère visé,

Par une habile manœuvre,
Pût procurer à son œuvre
Au moins la majorité.
Les treize, en cette occurrence,
Pouvaient, par leurs bulletins,
Sauver ou perdre la France,
Ils la tenaient dans leurs mains...

Or, notre parlementaire
(Je veux parler du notaire)
Était venu reposer,
Aux lares de son foyer,
Son cerveau... La jeune femme,
Très avide de plaisir,
Au clerc donnait, à loisir,
Mainte preuve de sa flamme.
Certain jour que l'amoureux
Chantait, sur sa mandoline,
Un refrain des plus joyeux
Répété par son Aline,
Tout à coup a retenti
(Semblable au bruit du tonnerre)

Cet abominable cri
De l'âne qui vient à braire ;
Ce cri guttural, strident,
A rompu le tête-à-tête.
— Mon ami, vite, à l'instant,
Corrigez ce trouble-fête...

L'amant, prompt comme l'éclair,
Que la colère domine,
Fond, à grands coups, sur l'échine
Du baudet... meurtrit sa chair.
Le maître, sans dire gare,
Se jette dans la bagarre,
Et, muni d'un fort gourdin,
Il tape dur... Mais soudain
Le clerc tombe... Aussitôt l'âne
Lui détache droit au front
Un coup de pied bien d'aplomb
Qui vient lui briser le crâne...

L'amoureuse avait tout vu,
Et, sans crainte du scandale,

L'ANE ET LE CLERC DE NOTAIRE

Elle crie : — En la grand'salle
Que le mort soit étendu...

Elle pleure, se désole
Et s'arrache les cheveux ;
A l'époux qui la console
Elle dit : — Soyez heureux,
Envers vous je fus coupable,
Mais il était fort aimable,
Je vais le rejoindre aux cieux...
Pardonnez-moi, car j'expire,
Recevez mes derniers vœux,
Daignez me fermer les yeux.

Elle meurt... Vers le notaire,
Qui lui ferme la paupière,
On voit sa main lui tendant
Un papier... son testament...

Vite il s'empresse de lire...
Quel est son étonnement
En voyant qu'elle désire

Qu'on voie à l'enterrement
Les treize, ses chers parents.

A chacun d'eux elle donne
Une portion de son bien.
Mais celui-là n'aura rien
S'il ne vient de sa personne
Assister à son convoi,
C'est là la suprême loi...
Dieu! quelle mésaventure!
C'est ce jour précisément
Qu'on doit faire la lecture
Et voter incontinent
L'adresse... Quel contre-temps!
Mais nous n'y pouvons rien faire...
Il faudrait qu'un député
Qui soutient le ministère
Eût le don d'ubiquité...'

Les treize, la mort dans l'âme,
Une larme dans chaque œil,
Accompagnent le cercueil

Qui contient la noble dame,
Et, quand tout est bien fini,
Chacun d'eux boucle sa malle,
Et, d'une ardeur sans égale,
On s'envole vers Paris.
Mais, hélas! destin funeste,
Il avait manqué cinq voix...
Devant ce fait manifeste,
Le ministère à son roi
Dut imposer d'autres choix...

Mais comme alors notre France
Allait de Thiers... à Molé...
A Guizot... la différence
N'était d'aucune importance,
Car le programme accepté
N'avait jamais varié...

Les treize se consolèrent;
Au ministre renversé
Ce contre-temps obligé
En détail ils le contèrent.

Le ministre, homme d'esprit,
Souriant aux treize dit :
— Cette Chambre me chicane,
Et, vrai ! je me réjouis
D'être tombé, chers amis,
Sous le coup de pied de l'âne...

Hier soir, je voyais ma veilleuse
Près de s'éteindre à mon chevet,
J'allais dormir... lorsque railleuse
Ma Muse saisit mon bonnet...
Elle me secoue et m'éveille,
Aussitôt me donnant le ton :

— Allons, tu vas faire merveille,
Chante les bonnets de coton...

Devant ce désir, je recule;
— Qui donc a pu dicter ton choix?
On a frappé de ridicule
Cette coiffure d'autrefois...
— N'importe... que rien ne t'arrête...
Je veux engager le combat;
Il me faut un homme de tête...
— Soit... je serai ton avocat...

Leur origine poétique
Se perd dans le temps et la nuit;
Mais je sais que Caton d'Utique,
Ainsi coiffé, rendit l'esprit...
Le béret que porte le Basque
N'en est que le diminutif;
Il est le fils aîné du casque,
Ceci me semble positif.

En effet, voyez la coiffure
Que l'on met à Léonidas,
Ce couvre-chef a l'encolure
De ce bonnet qu'on n'aime pas ;
Si, par malheur, un incendie
Vient envahir votre foyer,
Vous retrouvez son effigie
Là, sur la tête du pompier...

Jean-Jacques, Racine et Voltaire
Ont ceint leur front de ce bonnet...
Il fut illustré par Homère
Qui, quelquefois, ainsi dormait...
Ce fut sous sa douce influence,
Dans son alcôve et loin du bruit
Que ce bon Mercier eut la chance
D'écrire son *Bonnet de nuit*...

Je soutiens encor qu'à Cythère
(Ça ne date pas d'aujourd'hui),

Sous ce bonnet que je révère,
Souvent le vrai bonheur a lui...

Cette coiffure qu'on dédaigne
A failli devenir, dit-on,
Pour l'Académie une enseigne,
Et pour les Quarante un jeton!!

Annette avait seize ans,
Adorable figure,
Une abondante chevelure
Encadrait ses charmes naissants.
Tout en elle était innocence,
Simplicité, douce candeur,

On eût dit que de son enfance
Elle gardait la robe de pudeur.
Et pourtant sous deux cils d'ébène
Qui couronnaient son œil d'azur
On sentait la flamme lointaine
Irradier son regard pur.
Elle était ardente à l'étude
Et, du soir jusques au matin,
Elle lisait, par habitude,
Ce qui lui tombait sous la main.
Vous devinez, j'en suis certain,
Que les romans et les nouvelles,
Peu faites pour les demoiselles,
Donnaient des roses à son teint...
Pourtant elle avait une mère,
Un papa, voir même un tuteur,
Qui la traitaient en écolière
Et qui, certes, ne pensaient guère
A surveiller de quel auteur
Elle cultivait la manière...
Par hasard, son tuteur, un soir,
La voyant tout à sa lecture,

Le teint animé, la figure
Bouleversée... il voulut voir
Ce que lisait la jeune fille :
Il s'approche et sans hésiter.
Alors, sa pupille gentille
Lui dit : — Je ne veux rien cacher,
Oh! mais non... Je puis te le dire :
Ce livre que je lisais là,
C'est un écrit du grand Zola
Qu'à maman défendit de lire,
Hier soir, mon petit papa!...

Au milieu d'une basse-cour
Un Paon montrait avec amour
Les richesses de son plumage ;
Il en était tout glorieux,
Et, comme maint grand personnage,
Regardait d'un œil dédaigneux

Les autres oiseaux, ses confrères ;
Il les narguait, il plaignait leurs misères.
A quoi peuvent-ils être bons ?
Ils n'ont pas la moindre parure,
Ces poules, ces coqs, ces dindons
Ne sont pas de même nature
Que moi... Je suis enfant du ciel,
Les dieux tissèrent ma toilette
Et les couleurs de l'arc-en-ciel
Parent ma queue et mon aigrette.
Je plais, je charme, j'éblouis,
Je parais et chacun m'admire.
Que veut-on donc que je désire
Quand de la beauté j'ai le prix ?...

Certain Coq, qui l'entendait dire,
S'approche, et d'un ton fin, moqueur,
Qui sentait un peu la satire :
— Vous avez raison, Monseigneur,
Non, rien n'égale la richesse
Et le luxe de votre habit;
Et quand vous parlez, Votre Altesse

Brille par la grâce et l'esprit.
Votre chant séduit les oreilles,
Il n'est que vos sœurs, les Corneilles,
Qui chantent comme vous. Tenez, filez un son,
Et le Rossignol du boccage
Jaloux, s'enfuira sous l'ombrage
Dans le plus épais du buisson...
Votre air, votre démarche fière
Prouvent que vous êtes un roi...

Mais de la saison printanière
Vous subirez la dure loi.
Alors, plus de royal plumage,
Plus d'aigrette, rien de brillant.
Il restera votre ramage,
Vos pattes, votre bec et puis votre talent.
C'est une piètre marchandise...
Pensez-vous que cela suffise ?...

Seigneur Paon resta confondu
Des propos de ce Coq, dans la foule perdu...

Combien de magistrats, de savants, j'imagine,
Ont l'éclat de ce Paon, sa grâce, son esprit...

Ah ! n'enlevez pas leur hermine :
Tout s'en irait avec l'habit ! !

LE VIEILLARD ET SES ENFANTS

Un riche paysan, qui vivait en Gascogne,
  Avait trois fils et soixante-dix ans,
  Il était rude encor à la besogne
  Et faisait du travail autant que ses enfants.

Et pourtant ses trois fils lui répétaient sans cesse :

— Mon père, prenez du repos,
Nous soignerons votre vieillesse,
Nous sommes jeunes et dispos.

Vous rendre heureux sera notre soin, notre étude,
Croyez-nous, ne faites rien.
Pour n'avoir plus d'inquiétude :
Abandonnez-nous votre bien...

— Je verrai, mes enfants, répondit le bonhomme,
J'y vais réfléchir mûrement,
Je connais votre cœur et je vous dirai comme
Je comprends cet arrangement.

Le lendemain, au lever de l'aurore,
Le vieillard monte en son grenier
Lorsque ses fils dormaient encore,
Et, de petits oiseaux, fait un nid prisonnier.
Il met les oisillons tremblants dans une cage
Cachant un piège... et bientôt voletant,
En cris plaintifs changeant son gai ramage,
Le père apporte à chaque enfant

De quoi manger.
                    On le voit, à toute heure,
Rôder auprès de son troupeau captif,
Allant, venant, autour de la demeure,
Au moindre bruit, inquiet, attentif...
Mais, chaque jour, les prisonniers grandirent,
        Leur force se développa,
    • Et puis, leurs ailes se garnirent,
        L'un d'entre eux même s'échappa...

Le vieillard, averti dès l'aurore nouvelle,
Ouvre le piège... et puis, le père est pris...

— C'est bien, dit-il, cette couvée est belle,
Qu'elle soit libre...

                        Aussitôt, les petits
Courent aux champs, chantent sous la verdure,
Suivent le laboureur à travers les sillons
        Et picorent leur nourriture...

Vers la cage oubliée, aucun des oisillons

Ne vint pour consoler et nourrir son vieux père ;
>Loin de lui, chacun s'envola,
On le laissa mourir de faim et de misère...

Le paysan alors dit à ses fils : — Voilà
Ce qu'ont fait les oiseaux... Aussi, dans ma demeure,
Pratiquons, mes enfants, ce dicton vénéré
Que votre aïeul répétait, à toute heure :

>— Mon fils, je veux mourir curé*!...

* Ce dicton méridional veut dire : je veux mourir maître chez moi.

Quand la reine Berthe filait,
Quand le monarque épousait la bergère,
A la cour de France brillait
Une princesse belle et fière,
Elle était la femme du roi
Qui l'adorait avec ivresse;

C'était Diane chasseresse,
C'était l'amour, c'était la foi,
C'était l'idéal, la jeunesse,
Bonne, simple, pleine de cœur,
Elle naquit d'une caresse
De la rose qui fut sa sœur...

Mais, hélas! ce doux mariage
Du ciel n'avait été béni;
De l'enfant le charmant ramage
Manquait encor à ce cher nid...
Que de prières, que de larmes
Appelaient le jour fortuné
Où la voix d'un fier héraut d'armes
Dirait : France, un fils nous est né !...

Non loin de la ville royale
Existait, dans le Vendômois,
Certaine église abbatiale
Au vocable de saint François.
Il suffisait d'une neuvaine
Suivie avec dévotion

Pour que la femme fût certaine
De voir s'arrondir son giron...
Seulement il fallait, pieuse,
Aller à pied jusqu'au saint lieu
D'où l'on revenait radieuse
Du miracle remerciant Dieu.

La reine entreprend le voyage...
A peine elle a fait trois cents pas
Que déjà son corps est en nage,
Ses pieds ne la supportent pas ;
Elle souffre, elle est hors d'haleine,
Il se brise, son pauvre cœur !

— Quoi ! c'est vous, Madame la Reine ?
Dit une voix avec douceur.

C'était son acorte laitière
Qui lui portait, chaque matin,
Le lait de sa chèvre première,
Parfumé de rose et de thym...
— Où donc allez-vous, à cette heure,
Gente reine, répondez-moi ?

— Au bon couvent de Saint-François...
Car il le faut... ou que je meure,
Ou que je donne un fils au roi...
Je vais commander la neuvaine
Afin de conjurer le sort...

— Arrêtez, ô ma souveraine,
L'abbé qui les faisait est mort!!!

Ici, chacun a sa manie,
Chacun vit selon son désir,
Sans être un homme de génie
Faire des vers est mon plaisir ;
Et quand un jaloux me critique,
Moi qui suis un fort bon vivant,

Je chante, en lui faisant la nique,
Autant en emporte le vent...

Si dans ce palais où je plaide,
Je crois, en assez bon français,
Un sot me poursuit et m'obsède,
Voulant amoindrir mon succès...
Ne croyez pas que je me fâche,
Non... mais je chante incontinent,
A son nez et sous sa moustache,
Autant en emporte le vent...

Un vieux retraité de Cythère
Prétendait, j'en suis confondu,
Que l'art d'aimer, celui de plaire,
N'étaient pour lui fruit défendu...
Allons donc! vouloir, à votre âge,
Être en amour frais et brillant...
Mon ami, c'est du radotage,
Autant en emporte le vent...

Près de traverser le Cocyte,
Ninon souriait à la mort,

En se retraçant le mérite
Qu'on lirait sur son passeport...
— Sentez-vous le prix de mon zèle,
Lui dit *Sournois*, d'un ton fervent...
— Non, mon cher, lui répondit-elle,
Autant en emporte le vent...

Serment d'amour d'une coquette,
La fixité dans un journal,
La modestie en un poëte,
De l'esprit dans un madrigal,
Une amitié sûre, sincère,
Heureuse d'un succès brillant ;
Je crains fort que sur cette terre
Autant en emporte le vent...

Une citrouille s'ennuyait
De se voir gisante par terre;
Sous les pieds chacun la foulait
Sans se retourner en arrière.
Elle souffrait dans son orgueil,
Car elle rêvait la puissance;

Aussi la voilà qui s'élance,
Et caressant de la voix et de l'œil
Un chêne, roi de la nature,
A l'aspect fier et vigoureux :
— Abrite-moi, je t'en conjure,
Que j'embrasse ton corps noueux.
L'arbre se prête à sa caresse,
Elle l'enlace, elle le presse,
Puis, en rampant, monte, monte toujours ;
Ce fut après bien des détours
Qu'elle parvint jusqu'à la cime.
Cessant alors de parler en victime
Et jetant un œil dédaigneux
Sur ses compagnes de la veille :
— Eh quoi ! je puis être pareille
A ces êtres disgracieux
Que je vois ramper sous mes yeux ?
Je n'aime pas que l'on me loue,
Mais, bien sûr, jamais dans la boue
Mon feuillage ne se traîna ;
Mon front qui touche la lumière
En aucun temps, dans la poussière,

Ne vécut et ne s'inclina,
J'aurai fait quelque mauvais rêve,
Bénissons-en le souvenir...
Mais à ce moment, de la grève,
S'éleva comme un grand soupir :
Les cieux à l'instant se voilèrent,
Du monde les bases tremblèrent
Et de l'Océan furieux
On vit, au loin, les vagues blanches
Rouler, comme des avalanches,
Le pin et le chêne orgueilleux.
Puis, au matin, lorsque l'aurore
Et l'arc-en-ciel multicolore
Ont dit que le ciel pardonnait,
Au pied du chêne séculaire,
Par le vent brisée... oh ! misère,
La citrouille encore rampait.

L'ÂNE FAISANT LE GRAND SEIGNEUR

Un âne, un jour, voulant briller et plaire,
  Se vêtit magnifiquement;
Puis, parmi ses pareils, il fut, se pavanant
  Dans une contenance altière...
— Quel est ce grand seigneur, ce comte, ce baron,
  Se disait-on bas à l'oreille?

Sous cette allure sans pareille
Qui pouvait deviner ce pauvre Aliboron?...
Chacun, à son aspect, s'inclinait jusqu'à terre :
    On le croyait riche et puissant,
    Et tous désiraient, qu'en passant,
Il daignât, d'un regard, honorer leur misère...
    Ils en espéraient des trésors,
    Des croix, des titres de noblesse.
    Aussi, sans le moindre remords,
    Chacun d'eux le traitait d'Altesse;
Même on alla, dit-on, jusqu'à la Majesté...
A cela mon esprit se refuse de croire...
    Un âne, c'est un fait notoire,
    A ce point n'est jamais monté...
L'Altesse suffisait à sa mâle arrogance,
    Et du regard et de la main
    Il saluait avec la noble aisance
    Qu'eût mise un empereur romain...
    Il trompait, ainsi, tout le monde,
    Et longtemps il eût pu briller,
Car tous les sots de la machine ronde
Devant ce qui reluit viennent s'agenouiller...

Mais notre Aliboron, tout fier de sa parure,
    Se croyant passé grand seigneur,
    Voulut admirer sa figure
  Dans une glace, en son salon d'honneur.
    On se hâte, pour lui complaire,
D'apporter un miroir au rustique animal ;
Il se mire et de joie, entraînement fatal,
    A l'instant il se met à braire...
Le voilà reconnu, puis, chacun aussitôt
    Le frappe, le fuit ou le raille.
— Tu voulais nous duper? à d'autres, pauvre sot!
On ne lui laissa rien, pas même un brin de paille...
    Méditons bien cette leçon,
    Et pour qu'elle soit efficace,
    Rappelons-nous ce vieux dicton :
    Chacun doit rester à sa place...

J'aime peu le mot que Molière
Et Paul de Kock ont employé
Pour peindre certaine misère
Afférente à l'humanité;
Ce mot fait rougir, il me gêne,
Et, pourtant, je dois vous compter

A ce propos certaine scène
Qu'un mari seul peut supporter.

Il avait une aimable femme,
Pleine d'esprit et faite au tour ;
Vous devez penser si son âme
Était insensible à l'Amour...
L'Amour! c'est le charme, la vie,
C'est lui le grand, le seul vainqueur.
Parfois inspirant la folie,
Parfois élevant notre cœur...
Pour qui cherche-t-on la fortune,
La gloire, le rang, la grandeur ?
C'est pour la blonde ou pour la brune,
Car elle donne le bonheur !!

Aussi je plains la jeune fille
Qui n'épousera qu'un sac d'or,
Car, pour peu qu'elle soit gentille,
De l'époux vous voyez le sort.
Il le sera... la chose est sûre...
Vous verrez... j'en suis convaincu,

(Telle est la loi de la nature),
Que votre ami sera déçu...
Heureux si, dans son malheur même,
Il ignore le coup fatal ;
Dans ce cas, disait saint *Alsème*,
Ce ne serait que demi-mal...

Un jour, chez un grand personnage
Qui ne brillait pas par l'esprit,
Sa femme, de grand appétit
Pour les choses du mariage,
Racontait que monsieur Mondor
Venait de faire un héritage ;
Que cet homme, ruisselant d'or,
Avait troublé plus d'un ménage,
Qu'il était hardi, séducteur,
Le front haut, répétant sans cesse :
— Je n'ai pu trouver un seul cœur
Qui résistât à ma richesse.

C'est charmant d'avoir des écus,
De les remuer à la pelle,

Je crois vraiment, ajoutait-elle,
Que pour résister à Crésus
Il faut vertu surnaturelle...

— Alors, interroge l'époux,
Afin que vous fussiez contente
Il me faudrait l'oncle et la tante
Riches et ne pensant qu'à nous
Et vers la tombe marchant tous !...
— Certes, ce serait injustice
A moi de vous parler ainsi,
Je n'ai pas autant de malice.
De Mondor, écoutez ceci :
Il poursuivait de ses instances
Une femme pleine d'honneur,
Qui repoussait loin les avances,
Les obsessions du séducteur,
Il croyait sa peine inutile...

Quand il lui raconta qu'un roi,
Fatigué du pâté d'anguille,
Voulut goûter, pour une fois,

L'HÉRITAGE DU DIABLE

D'un mets d'une saveur moins fine,
La femme d'un petit bourgeois,
Accorte, à la mine lutine,
Bien faite, d'esprit jovial,
Devint le caprice royal,
Et plaça toute sa famille...
Le mari fut, mais, entre nous,
Grâce à sa femme si gentille
Qui ne le rendit pas jaloux,
(Elle était pleine de prudence),
Heureux, riche, considéré,
Puis anobli, puis décoré,
Et devint même une puissance...

— C'est bien, j'eus toujours le désir,
Dit le mari,
   D'un héritage...

Le monde entier pourrait périr
Vous n'avez aucun parentage...

Je le sais, c'est mon déplaisir,
Mon ambition est sans bornes,

Le diable viendrait à mourir,
Je n'hériterais de ses cornes,
Encore moins de ses grands biens,
Car il les léguerait à d'autres...

— Cher époux, ne regrettez rien,
N'avez-vous pas assez des vôtres !!

Un chansonnier du temps jadis
　Célébra la perruque;
Il plaça celle de Cypris
　Ailleurs que sur la nuque;
　　Elle la montra
　　Sur le mont Ida,

Pour subjuguer un homme,
Le berger Paris,
Aussitôt épris,
Lui présenta la pomme.

Elle y mordit, et le dieu Mars
Dut faire la grimace,
Car Paris était un beau gars,
Ne demandant pas grâce.
Tout frais et dispos,
Sans prendre repos,
Il compta jusqu'à douze ;
Et Vénus soudain,
Oubliant Vulcain,
Lui dit : — Viens, je t'épouse...

Vers l'Olympe elle l'emporta
Sur le char de l'Aurore ;
Mais souvent elle s'arrêta
Pour s'assurer encore
Si le beau berger
Pouvait, sans danger,
La fêter à toute heure.

Le brillant vainqueur
Prouva sa valeur,
Ce n'était point un leurre.

Dans le ciel, lorsqu'il arriva,
Jupiter, en colère,
Par ces mots durs l'apostropha :
— Tu n'es qu'un ver de terre !
— Je le sais fort bien,
Dit-il à Jupin.
Aussi quelle est ma joie
D'oser approcher,
De pouvoir toucher
Le seul dieu qui foudroie.

A ces mots, sur leurs lits de fleurs,
Les déesses sourirent ;
Ce fut par de sourdes clameurs
Que les dieux répondirent.
La chaste Junon
Lui prit le menton
A la barbe du maître ;
Et l'histoire dit

Qu'au coup de minuit
Jupiter... a dû l'être.

Le lendemain, sur l'Hélicon,
Minerve, tout émue,
Avait perdu son ceinturon ;
Elle était moins vêtue :
Son casque défait
Loin d'elle roulait
Au bord de l'Hypocrène.
Dans les yeux ravis
Du berger Paris
Se mirait l'inhumaine.

Le scandale fut grand, hélas !
Et les dieux en furie :
— Qu'il retourne vers Ménélas,
Dirent-ils à l'envie ;
Que sur les autels
Des simples mortels
Toujours son encens brûle ;
Qu'il ne vienne plus
Sur nos fronts... déçus

Planter... le ridicule.

Il dut partir, quoique à regret,
   Et sans tourner la tête,
De peur qu'un regard indiscret
   N'appelât la tempête.
     Vénus en pleura,
     Mars en soupira,
Jugeant, dans sa cervelle,
    Combien, dès le soir,
    Il allait déchoir
Dans... l'esprit de sa belle.

Un fabuliste, au temps jadis,
Dut enfanter une harangue
Sur les mérites infinis
Et l'excellence de la langue.
Il prouva, le fait est certain,
Qu'il n'est rien de plus admirable,

Et démontra, le lendemain,
Qu'en plus d'un cas elle est damnable.

Mieux qu'Esope je suis bâti,
Ce point me paraît hors de doute,
Mais, par mon sujet abruti,
Je veux partir, je reste en route.
Hélas! ce sera donc en vain
Que le sort m'aura dit : résume,
Et cela dans un tour de main,
Tout ce que peut faire la plume.

Et pourtant quel brillant sujet!
Je le sens, mais pour le bien dire
Il faudrait que de Bossuet
La plume d'aigle fût ma lyre;
Moins ambitieux je voudrais,
Si je pouvais en être digne,
Te dérober, heureux Cambrai,
Un bout d'aile de ton doux cygne.

Si de Milton les chants divins
Du ciel nous découvrent la gloire,
Ouvrant le livre du destin,
Du Tasse honorons la mémoire ;
Il immortalisa l'Amour,
Et le laurier du Capitole,
Placé sur son front dès ce jour,
De sa plume fut l'auréole.

Qui n'a lu de notre Buffon
Toutes les pages immortelles ?
Sa plume décrit le Ciron
Pour prouver les lois éternelles...
Courbe ton front, esprit subtil,
Raison indomptable et superbe ;
Réponds, le hasard seul fit-il
Le fier Léon et le brin d'herbe ?...

Qui réveilla dans leur tombeau
Des Romains les vieilles cohortes,

Prit notre langue à son berceau
Et du Génie ouvrit les portes?
Écoutez ces mâles accents :
Dieu! quelle suave merveille!
Oui, nous vaincrons la nuit des temps,
Grâce à la plume de Corneille!...

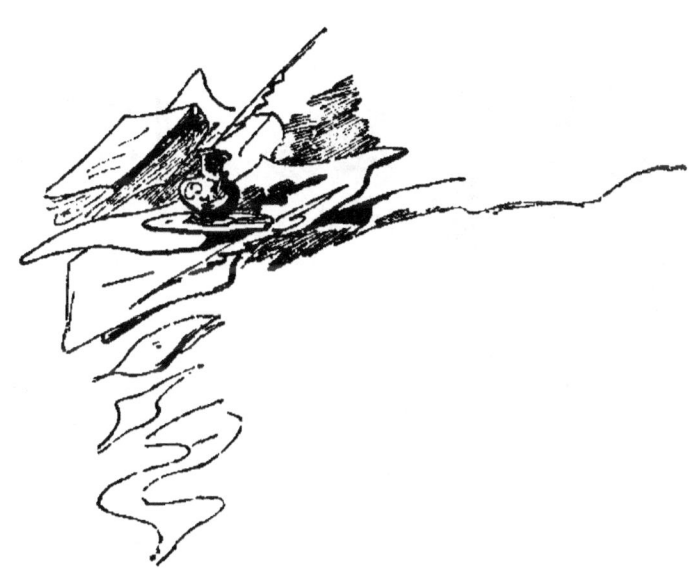

Jadis, non loin de Saint-Denis,
Vivait Jean de Monpertuis;
Sa vue inspirait l'épouvante,
Tant il avait méchant renom;
Tout bas on prononçait son nom,
Et quand sa barbe grisonnante

Apparaissait à l'horizon,
Chacun de fuir avait l'envie,
Car il vous eût ôté la vie
Pour un oui comme pour un non.

A part ces moments de colère,
On le disait plein de bonté,
Mais bizarre par caractère
(Comme tout vieux célibataire),
Et par-dessus tout entêté...

Or, il était propriétaire
De grands biens, que ses grands aïeux,
Auxquels on ne connut pas un pouce de terre,
Lui laissèrent, faute de mieux,
A la barbe des envieux...

Il avait récemment choisi pour majordome,
Pour jardinier, pour intendant,
Mathieu, surnommé l'honnête homme.

Quoique fin matois et prudent.
Mathieu possédait une fille,
C'est Marciolle qu'on la nommait ;
Elle était naïve, gentille,
Œil brillant, corsage parfait,
Fraîche, admirable trait pour trait ;
De roses, de lis, un bouquet !...

Avec cela seize ans, seize ans et l'innocence,
La simplicité, la candeur ;
De sa beauté n'ayant la conscience,
Et sans malice dans le cœur...
De son père elle était l'idole...
Or, il lui dit un beau matin :
— Ma bonne petite Marciolle,
Revêts ton corset de satin,
Et du château prends le chemin...
Tu vas porter ce panier de cerises
Qu'avec tant de soins j'élevai,
Malgré les vents, les neiges et les bises.
C'est aujourd'hui le premier mai,

Anniversaire de naissance
De notre redouté seigneur;
Cette attention, je le pense,
Nous méritera sa faveur.

Aussitôt l'accorte fillette,
Leste, appétissante, proprette,
En chantant arrive au château,
Au maître fait la révérence,
Présente ses fruits en silence...

— Peste!... il est rare ton cadeau,
Il mérite une récompense,
Et tu l'auras!... Ton fruit est beau...
Holà! quelqu'un! à l'instant même,
Étendez là deux draps de lit,
Qu'ils soient plus blancs que la neige elle-même...

Ce fut aussitôt fait que dit...
— Toi, petite, ôte ton habit...

— Mais, monseigneur...

      — Pas de grimace,

Il le faut...

     — O mon Dieu, par grâce!...

— Allons, obéis, je le veux...

Et Marciolle, baissant les yeux,
Rougissant comme une cerise
Ou comme une jeune promise,
Point par point montre sa beauté...
Quelle blancheur! quel velouté!
Et surtout quelle fermeté!...

Les hobereaux du voisinage,
Qui se trouvaient tous réunis
Pour venir offrir leur hommage

Au suzerain de ce pays,
Profitèrent de l'aventure...

Ils purent voir tout à loisir
Cette adorable créature,
Qui, pour satisfaire au désir
Exprimé par le seigneur comte,
Dut, tout en palpitant de honte,
Répandre sur ces draps si blancs
Les fruits vermeils et reluisants
Qu'elle apportait de son village,
Pâles auprès de ceux qu'enfermait son corsage,
Et qu'admiraient les assistants...

Hélas! il lui fallut encore,
Un par un, tous les ramasser,
Partant, bien souvent se baisser
Sous le feu des regards dont chacun la dévore...
Découvrant ainsi des trésors
A mettre toutes voiles hors.

Si bien que le bon La Fontaine,
S'il eût vu ce fruit défendu,
Aurait reconnu, mais sans peine,
Que l'arc toujours pouvait être tendu...

Chacun de s'écrier : — Pour avoir cette fille,
Pour admirer de si charmants appas,
Je donnerais mille ducats,
Et le manoir de ma famille,
Disait l'un : — Mon plus beau cheval,
Réplique un autre : — Ma vaisselle,
Mes armes, un présent royal,
Dit un troisième; tout pour elle...

Il ne fut pas jusqu'au valet,
Gaillard, du reste, fort complet,
Qui n'offrit, dans sa folle ivresse,
Dix écus, sa seule richesse...
— Marciolle, vite, habille-toi
Et viens t'asseoir auprès de moi,

Lui dit son seigneur avec grâce,
Occupe la meilleure place...

Aussitôt dit, aussitôt fait,
Marciolle remet son corset,
Et rapidement elle voile
Ses attraits sous la blanche toile...

On s'assied, on dine... Au dessert,
Avant que le repas s'achève,
Le maître lentement se lève
Et puis, debout et découvert,
Il dit à toute l'assistance :
— Vous n'avez pu croire, je pense,
Qu'un suzerain à vos plaisirs
Dût pourvoir, charmer vos loisirs,
Et vous montrer gratis, sans collerette,
De son vassal aimé la gentille fillette.
Non, morbleu! je veux qu'à l'instant
Chacun paie, et de bon argent

Bien sonnant et bien trébuchant,
La somme que dans son ivresse
Il offrait pour avoir une telle richesse...

Et chacun dut, sans sourciller,
Au plus vite s'éboursiller...

De beaux ducats emplirent l'escarcelle
De la radieuse pucelle
Qui du logis prit le chemin,
Plus joyeuse que le matin...
A son père elle rendit compte
De sa rougeur et de sa honte,
De tous ces hobereaux déçus,
Des présents qu'elle avait reçus...

A ses yeux, avec complaisance,
Elle étala son opulence...

Et Mathieu, toujours fin matois,
Lui dit : — Oh Marciolle, tu vois
Ici le prix de ta sagesse...
Le ciel a voulu te prouver
(Cette morale n'est pas neuve)
Que ce n'est pas sans une rude épreuve
Qu'au bonheur on peut arriver...

Habits !
Habits !
Mondains et bannis,
Voilà des habits
Tous à juste prix.
Beaux messieurs, dans ma boutique

J’en ai de toute valeur ;
Pour une somme modique
Je puis faire un grand seigneur.
J’ai même des girouettes
Que mon oncle, un vieux savant,
Me laissa pour ces poëtes
Qui tournent à chaque vent.

J’ai pour la femme jolie,
Prêtresse de Cupidon,
La ceinture d’Aspasie
Et le corset de Ninon.

Pour l’auteur que je révère,
Car il ne se vend jamais,
J’ai la plume de Molière
Ou celle de Rabelais.
J’ai pour le prélat austère,
Qui nous parle du Dieu bon
Et jamais de sa colère,
La mitre de Fénelon.
Au noble et loyal critique,

Peu courtisan des palais,
J'offre, et c'est bien authentique,
Des notes de Beaumarchais.

A la femme jeune et belle
D'un mari vieux et chagrin,
Le chapeau de Sganarelle
Et l'habit de Chérubin.
J'ai pour cet acteur tragique,
Que notre public forma,
Avec une toge antique,
Le cothurne de Talma.

Pour ce roi que rien n'éclaire
Et qui fait fort peu de cas
D'un intègre ministère,
Les oreilles de Midas ;
Mais, pour ce monarque auguste,
De ses devoirs seuls épris,
Au lieu du lit de Procuste
Le sceptre de saint Louis.

J'offre, et cela doit vous plaire,
Philosophes, chansonniers
L'écritoire de Voltaire
Et celle de Desaugiers.
Enfin, pour les gens en place,
J'ai des manteaux de Crispin,
Force chapeaux de Paillasse
Et défroques d'Arlequin.

LE SAGE ET LA CHOUETTE

Un beau jour, dans une forêt,
Rêveur, se promenait un sage.
Des oiseaux, les cris, le caquet
Troublaient le calme du boccage ;
Il allait s'éloigner pour trouver le repos
Quand, par hasard, levant la tête,
Il aperçoit une chouette
Que maltraitaient des geais, des pinsons, des moineaux.
Vainement cette pauvre bête,
Avec son air bonasse et doux,
Leur disait : — Que me voulez-vous ?

Je ne suis pas un trouble fête
Je ne puis faire de jaloux.
Chansons que tout cela, piaulent-ils ensemble,
Et nous en voulons à ta peau,
Tu nous déplais... c'est assez, ce nous semble,
Car tu dois être un succulent morceau...
Le sage est indigné; saisissant une pierre
Il la lance à ces maraudeurs.
Tous détalent alors, et la forêt entière
A retenti de leurs clameurs...
Pourquoi donc ces oiseaux te cherchaient-ils querelle ;
Quel est ton crime; et pourquoi tout ce bruit ?...
— Mon crime, lui répondit-elle,
C'est que j'y vois clair dans la nuit...

ÉTRANGE PHÉNOMÈNE

La nature produit parfois
De bien étranges phénomènes,
Ses règles sont fort incertaines,
Voyez : les frères Siamois,
Tom-Pouce, le veau bicéphale,
L'homme-squelette, le géant;

Elle est bien plus originale
La production, qu'à l'instant,
Je m'en vais vous faire connaître...
Il faudrait être passé maître
Dans l'art d'écrire et de conter,
Car je ne voudrais pas blesser,
Ici, les plus chastes oreilles,
Même pour montrer des merveilles;
Toutefois je vais essayer...

Un docteur d'un rare mérite,
A les en croire ils en ont tous...
D'une observation écrite
A rendre un confrère jaloux
(Fait rarissime, entendez-vous),
Vient de me remettre l'épreuve,
En me demandant le secret;
Mais l'histoire est vraiment trop neuve
Pour que je puisse être discret...

Il s'agit d'une jeune fille

ÉTRANGE PHÉNOMÈNE

Quelque peu folle de son corps,
Alerte, coquette, gentille,
A mettre toutes voiles hors.
Or, vous savez qu'en cette vie
Tout ne marche pas à souhait,
Et que, parfois, une folie
Coûte fort cher... Voici le fait :

Berthe était le nom de la belle ;
Elle avait un bel amoureux
Qu'elle aimait et rendait heureux...
Inconstante, et pas infidèle,
Désireuse du fruit nouveau,
Elle charmait maint damoiseau.
Il lui semblait, au fond de l'âme,
Qu'elle était double... Oui, vraiment...
Elle croyait être deux femmes
Dans un seul corps... Assurément

Le cas était fort surprenant...
Aussi le roi de la science,

Ayant fort longue expérience,
Examina-t-il avec soin
Son sujet... Et, de point en point,
Il en étudia la structure
Sans négliger, il le devait,
Jusqu'au repli le plus secret...

Il fut stupéfait, je le jure,
En voyant que dame Nature
Avait, c'est fort original,
Doublé l'organe principal;
En un mot, et pour tout vous dire,
Vous me comprendrez, je le crois,
Sans qu'il faille plus rien décrire :
Bref, Berthe était femme deux fois...

Aussi vous pensez tous, je gage,
Que cette prêtresse d'Amour
Pouvait, à chaque instant du jour,
Faire la nique au dieu Veuvage...
Et le docteur avait noté

(Ceci complique le mystère)
Qu'une parfaite égalité
N'existait pas dans cette affaire...

De cet état si singulier
Il cherchait à se rendre compte ;
Mais il faut le dire à sa honte,
Il ne pouvait pas l'expliquer.
En vain il se gratte la tête...
Ah ! s'il pouvait parler latin...
Une explication bien nette
Arriverait, j'en suis certain,
Pour dire le mot de la fin...
Mais, en français, c'est difficile ;
Lecteurs, aidez-moi donc un peu,
J'invoque la grâce de Dieu,
Rendez-moi la tâche facile.

J'y suis. L'ancien Caton disait :
— Quand une chaussure est trop neuve,
Elle blesse... Mais c'est parfait

Quand, du pied, elle a fait l'épreuve!!
— Oui, dit Berthe, mais, à mon tour,
Je vais mieux préciser la chose :
Le soulier que l'on met toujours
Est plus large, je le suppose,
Que celui qui ne sert qu'un jour...

LE REPTILE ET LE VER LUISANT

Dans son trou vivait un reptile
Envieux, jaloux et méchant;
Tout succès irritait sa bile,
Il jetait sa bave au passant.
Auprès de lui, sur la fougère,
Brillait un simple ver luisant,

Sans orgueil, à tous voulant plaire,
Dieu l'avait créé diamant !...
Mais, un soir, l'odieux reptile
D'un jet de venin l'éteignit...
— Pourquoi donc ce crime inutile ?
Lui dit l'insecte.
                    Il répondit :
— Le bien m'irrite, m'exaspère ;
Je ne crois pas à la vertu...
Je suis Ténèbres, toi, Lumière...
Sur mon chemin pourquoi luis-tu ?...

On me dit que je suis gentille,
Je vais accomplir mes seize ans,
Je vis au sein de ma famille
Et j'ai composé trois romans.

L'histoire et la mythologie

M'offraient de très divers sujets,
Mais il faut bien que je le die
Je leur préférai Rabelais.

Parny, Piron et puis Voltaire
Ont écrit maint conte charmant,
Candide avait don de me plaire.
Pigault-Lebrun est amusant...

J'ai lu l'école réaliste
Y compris la *Fille Élisa*,
J'ai dévoré toute la liste
Des œuvres de monsieur Zola.

Vous me faites beaucoup de peine
En me disant :

    « N'en ayez pas. »
J'ai lu *tout entier* La Fontaine,
Et, de Crébillon, le *Sopha*.
Comme elle est douce leur morale...

LA CONFESSION

Hier, je lisais, au chant du coq
(Et je trouvais l'œuvre fort pâle),
Le *Dernier* de monsieur de Kock...

Par vous, je veux être fêtée,
Oui, j'ai lu les *Contes Rémois*,
Et même les *Contes Gaulois*.
Mais c'est de la crème fouettée...
Ami, je voudrais bien vous dire
Mon dernier roman...
                    Mais, à tort,
Mes parents l'ont trouvé si fort :

Qu'ils m'ont défendu de le lire...

TABLE

DES

APRÈS-SOUPERS

La Branche de Pommier.	11
L'Ane et la Rose	21
Saint Pierre et le Normand	27
La Médaille	41
La Tirelire.	49
La Mitoyenneté	55
La Pendule	65
Jeannette	75
La Femme aux deux amours	81
Le Bonnet à poil.	91
Une Promenade royale	97
Souvenir de la Reine de Navarre	103
Le Fermier.	109
L'Ane, le Clerc de notaire et les Treize Députés . .	115
Les Bonnets de coton	125

Une Naïve.	1
Le Paon et le Coq.	1
Le Vieillard et ses Enfants.	1
Madame la Reine.	1
Autant en emporte le vent	1
La Citrouille.	1
L'Ane faisant le grand seigneur	1
L'Héritage du Diable.	1
Histoire du berger Paris.	1
La Plume	1
Marciolle.	1
Le Marchand d'habits	2
Le Sage et la Chouette.	2
Étrange Phénomène.	2
Le Reptile et le Ver luisant	2
La Confession.	2

Le tirage des

APRÈS-SOUPERS

ayant été limité à

CINQ CENTS EXEMPLAIRES

tous numérotés

et à

QUELQUES EXEMPLAIRES DE SOUSCRIPTION

Cet ouvrage ne sera pas réimprimé.

ACHEVÉ D'IMPRIMER

SUR LES PRESSES DE

CH. UNSINGER, IMPRIMEUR A PARIS

le 10 Novembre 1882

POUR

ÉD. ROUVEYRE ET G. BLOND

LIBRAIRES-ÉDITEURS

A PARIS

TABLE GÉNÉRALE

DU

CATALOGUE

DES

Publications d'Amateurs

ET DE

BIBLIOPHILES

ÉDITÉES PAR

ÉD. ROUVEYRE ET G. BLOND

98, RUE DE RICHELIEU, A PARIS

Le Catalogue illustré, formant un joli volume, est adressé gratis et *franco* à toute personne qui en fait la demande.

TITRE DES OUVRAGES

–◊– Guide du libraire antiquaire et du bibliophile.

–◊– Œuvres choisies des écrivains contemporains.

L'Amour Romantique, par Léon Cladel, préface par Octave Uzanne.

–◊– Science des gens du monde.

Traité complet de la science du Blason, par Jouffroy d'Eschavannes.
Connaissances nécessaires à un amateur d'objets d'art, par Ancel Oppenheim.
Connaissances nécessaires à un bibliophile, par Édouard Rouveyre, 2 vol.

–◊– Curiosités parisiennes.

Théâtre des boulevards, réimprimé pour la première fois et précédé d'une notice par Georges d'Heylli, 2 vol.
Histoire des petits théâtres de Paris, par Nicolas Brazier, nouvelle édition publiée par Édouard Rouveyre, son

- **Petits chefs-d'œuvre du XVIIIᵉ siècle.**

    Les Quatre heures de la Toilette des dames, par de Favre.

    Le Tableau de la Volupté ou les quatre parties du jour, par M. D. B. (Du Buisson).

    Zélie au bain, par le marquis de Pezey.

- **Chroniques du XVIIIᵉ siècle, publiées par Roger de Parnes, avec préface par G. d'Heylli.**

    La Régence, portefeuille d'un Roué.

    Anecdotes secrètes du règne de Louis XV, portefeuille d'un Petit-Maître.

    Gazette anecdotique du règne de Louis XVI, portefeuille d'un Talon Rouge.

    Le Directoire, portefeuille d'un Incroyable.

- **Documents de la cour et de la ville au XVIIIᵉ siècle.**

    La Comédie et la Galanterie, par A. Jullien.

    Mémoires du duc de Lauzun.

    La Ville et la Cour, par A. Jullien.

    La Société galante et littéraire, par H. Bonhomme.

    L'Opéra secret, par A. Jullien.

- **Les ruelles au XVIIIᵉ siècle, par Léon de Labessade, préface par Alexandre Dumas fils, de l'Académie française.**

- **Contes gaillards et nouvelles parisiennes.**

    Le Mal d'aimer, par René Maizeroy, illustrations de

A Huis clos, par Carolus Brio, illustrations de Marius Perret.

Doux Larcins, par Flirt, illustrations de Le Natur.

Le Péché d'Ève, par Armand Silvestre, illustrations de Rochegrosse.

Miettes d'Amour, par L. V. Meunier, illustrations de A. Fernandinus.

Joyeux Devis, par Massiac, illustrations de Le Natur,

Mire lon la, par René Maizeroy, illustrations de Jeanniot.

Chair à plaisir, par L. V. Meunier, illustrations de Ferdinandus.

–◆– Bibliothèque du boudoir.

Carnet d'un Mondain, par Etincelle, 2 vol.

–◆– L'intermédiaire des chercheurs et curieux.

–◆– Écrin du bibliophile.

Trois dizaines de Contes gaulois.

–◆– Paris. Arts. Lettres. Sport.

Les Hommes d'Épée, par le baron de Vaux.
Les Gens de Lettres.
Peintres et Sculpteurs.
Acteurs et Actrices.
Les Salons de Paris.

–◆– Bibliothèque de l'amateur de livres.

Le Luxe des livres, par L. Derome.

Recherches bibliographiques sur les livres rares et curieux,

Histoire de l'ornementation des manuscrits, par Ferdinand Denis.

Catalogue des ouvrages, écrits et dessins de toute nature poursuivis, supprimés ou condamnés, par Fernand Drujon.

Bibliographie générale des petits formats dits Cazin, par A. Corroenne.

Manuel du Cazinophile.

Histoire de l'Imprimerie, par Paul Dupont.

Les Autographes en France et à l'étranger, par de Lescure.

De la Matière des livres.

Les Amateurs de vieux livres, par P. L. Jacob, bibliophile.

Miscellannées bibliographiques, publié par Ed. Rouveyre et O. Uzanne.

La Reliure ancienne et moderne.

Un Bouquiniste parisien, par A. Piedagnel.

Reliure d'un Montaigne, à l'S barré.

Le Bibliophile français, 7 volumes.

Index librorum prohibitorum.

Centuria librorum absconditorum.

Armorial du Bibliophile, par Johannis Guigard.

Voltaire, Bibliographie de ses œuvres, par Georges Bengesco.

Les Supercheries littéraires dévoilées, par J. M. Quérard.

Dictionnaire des ouvrages anonymes, par A. A. Barbier

— ❖ — BIBLIOTHÈQUE DE L'AMATEUR D'ART.

Les Tapisseries françaises, par le même auteur.

Les Tapisseries d'Arras, par le chanoine E. van Drival.

De la Poterie gauloise, par H. de Clouzion.

La Verrerie antique, par W. Frœhner.

Description des collections de Sceaux-Matrices de M. Dongé, par J. Charvet.

De l'Ameublement et de la Décoration extérieure des appartements, par L. Guichard.

Traité de la Décoration sur porcelaine et sur faïence, par Chauvigné.

— Publications diverses.

Caprices d'un Bibliophile, par Octave Uzanne.

Le Bric-à-Brac de l'Amour.

Le Calendrier de Vénus.

Les Surprises du cœur.

Idées sur les romans, par D. A. F. de Sade, publié avec préface, par Octave Uzanne.

Du Mariage, par un Philosophe du XVIIIe siècle, avec préface, par Octave Uzanne.

Le Droit du Seigneur et la Rosière de Salency, par Léon de Labessade.

Pierrot sceptique, pantomime, par L. Hennique et J. K. Huysmans.

Suite de trente-quatre estampes, pour servir à l'illustration des œuvres de Molière, dessinées et gravées à l'eau-forte, par Ad. Lalauze.

Poésies de Prosper Blanchemain, 2 vol.

Le Corbeau, par Edgard Poë, traduction de Stéphane Mallarmé, dessins de Manet.

Croquis contemporains, pointes sèches, par Louis Abbéma.

Le Petit-Monde, collection de dix eaux-fortes, par Ad. Lalauze.

L'Art de vivre longtemps, par le docteur Noirot.

L'Art d'avoir des enfants sains de corps et d'esprit, par docteur Noirot.

— COLLECTION IN-18 JÉSUS, A 3 FR. 50.

Confession de Sainte-Beuve, par Louis Nicolardot.

La Fange, par Guérin-Ginisty, préface de Léon Chapron.

Coups de plume indépendants, par A. J. Pons.

— MONOLOGUES PARISIENS.

Le Culte, par Satin.

— OUVRAGES SOUS PRESSE OU EN PRÉPARATION.

L'Art dans la maison, par Henry Havard.

Les Livres à clef, par Fernand Drujon.

Collection Lahure, éditée par A. Lahure et par Éd. Rouveyre et G. Blond.

Collection d'Hervilly-Somm.

Catalogue des livres rares et curieux.

COLLABORATION ARTISTIQUE

ET LITTÉRAIRE

Gueulette.
Ch. Goutzwiller.
Guérin-Ginisty.
Johannis Guigard.
E. Guichard.
Halbou.
Henry Havard.
Léon Hennique.
E. d'Hervilly.
Georges d'Heylli.
J.-K. Huysmans.
P.-L. Jacob, bibliophile.
Jules Jacquemart.
Jeanniot.
Le bibliophile Job.
Jouffroy d'Eschavannes.
Adolphe Jullien.
René Kerviler.
Léon de Labessade.
Paul Lacroix.
A. Lahure.
Ad. Lalauze.
Lancelot.
P. Laurent.
Lauzun.
Leclère.
Legrand.
Lemire.

T. Lepic.
Lerat.
Leroy.
De Lescure.
Levasseur.
E. de Liphart.
De Longueil.
Ch. de Lovenjoul.
René Maizeroy.
Stephane Mallarmé.
De Malval.
Manet.
Th. Massiac.
G. Merlet.
Mesplès.
L.-V. Meunier.
Louis Mohr.
Mongin.
G. Mouravit.
Louis Nicolardot.
Louise Abbema.
Arcos.
Arrivet.
Paul Avril.
Louis de Backer.
J. Barbey d'Aurevilly.
A.-A. Barbier.
E. Bavard.

Georges Bengesco.
Berne-Bellecour.
Bichard.
Prosper Blanchemain.
H. Bonhomme.
Baron de Boyer de Sainte-Suzanne.
Nicolas Brazier.
C. Brio.
Gustave Brunet.
Du Buisson.
G. Gastiglionne.
Champfleury.
Léon Chapron.
J. Charvet.
A. Chauvigné.
Jules Cheret.
Léon Cladel.
J. Claretie.
H. de Clouzou.
A. Corroenne.
E. Corroyer.
E Courboin.
Ferdinand Denis.
L. Derome.
Fernand Drujon.
L'abbé J. Dulac.
Alexandre Dumas fils.
Paul Dupont.
Eisen.
Etincelle.
Favier.
De Favre.
A. Ferdinandus.
Feyen-Perrin.
Fichot.
Flirt.

Louis Fréchette.
W. Froehner.
Gaujean.
Docteur L. Noirot.
Ancel Oppenheim.
F. Oudart.
Roger de Parnes.
Patas.
Marius Perret.
Le marquis de Pezay.
Al. Piedagnel.
Pisanus Fraxi.
Edgard Poë.
Poilpot.
A. Poirson.
A.-J. Pons.
Prunaire.
Puyplat.
J.-M. Quérard.
Rochegrosse.
Edouard Rouveyre.
Ernest Rouveyre.
Marie Rouveyre.
D.-A.-F. de Sade.
Sargent.
Satin.
Aurélien Scholl.
Scott.
Armand Sylvestre.
Henry Somm.
A. Stevens.
Henri Toussaint.
Octave Uzanne.
Le Chanoine E. van Drival.
Le baron de Vaux.
L. Vian.
Daniel Vierge.

EXTRAIT DE LA LISTE
DES ÉDITIONS D'AMATEURS

Imprimées avec grand luxe, par les premiers imprimeurs de France

ÉD. ROUVEYRE ET G. BLOND
ÉDITEURS

98, Rue de Richelieu, à Paris

ÉDITIONS D'AMATEURS ET DE BIBLIOPHILES

- Carnet d'un Mondain.
- L'Intermédiaire des Chercheurs et Curieux.
- Miscellanées bibliographiques (1878, 1879, 1880).
- Connaissances nécessaires à un Bibliophile (1re partie).
- Connaissances nécessaires à un Bibliophile (2e partie).
- Connaissances nécessaires à un Amateur d'objets d'art et de curiosités.
- Théâtre des Boulevards.
- Petits Chefs-d'œuvre du xviiie siècle.
- Le Directoire.
- Gazette anecdotique du règne de Louis XVI.
- La Régence.
- Traité complet de la Science du Blason.
- Catalogue des Ouvrages, Écrits et Dessins de toute nature, poursuivis, supprimés ou condamnés.
- Les Ruelles au xviiie siècle.
- La Comédie et la Galanterie au xviiie siècle.
- Mémoires du duc de Lauzun.
- La Société galante et littéraire au xviiie siècle.
- L'Opéra secret au xviiie siècle.
- La Cour et la Ville au xviiie siècle.
- Le Luxe des livres.
- Histoire de l'Ornementation des manuscrits.
- Recherches bibliographiques.
- Bibliographie générale des petits formats, dits Cazin.
- Manuel du Cazinophile.
- Index librorum prohibitorum.
- Les Amateurs de vieux livres.
- Histoire de l'Imprimerie.
- Les Autographes en France.
- Guide du Libraire-Bouquiniste.
- De la Matière des Livres.
- Un Bouquiniste parisien.
- Ce sont les Secrets des Dames.
- Croquis contemporains.
- Le Petit Monde.
- Caprices d'un Bibliophile.
- Le Bric-à-Brac de l'Amour.
- Le Calendrier de Vénus.
- Les Surprises du Cœur.
- Du Mariage.
- Idée sur les Romans.
- Le Droit du Seigneur et la Rosière de Salency.
- Les Tapisseries françaises.
- Les Tapisseries d'Arras.
- De la Poterie gauloise.
- Traité de Décoration sur Porcelaine.
- Annuaire de la Papeterie latine.
- Notes d'un Curieux.
- Description des Collections des Sceaux-Matrices.
- Poésies de Prosper Blanchemain.
- La Verrerie antique.
- Coups de plume indépendants.
- Les Fleurs boréales.
- Ameublement et décoration des appartements.
- Art de vivre longtemps.
- Art d'avoir des enfants.
- Reliure d'un Montaigne.
- Les Hommes d'Épée.
- Pierrot sceptique.
- Chair à plaisir.
- Joyeux Devis.

www.ingramcontent.com/pod-product-compliance
Lightning Source LLC
Chambersburg PA
CBHW071909160426
43198CB00011B/1232